sekolah - sakola	2
perjalanan - lalampahan	5
transportasi - transportasi	8
kota - kota	10
pemandangan - pamandangan	14
restauran - restoran	17
supermarket - supermarkét	20
minuman - inuman	22
makanan - dahareun	23
pertanian - pertanian	27
rumah - imah	31
ruang tamu - rohang tamu	33
dapur - dapur	35
kamar mandi - kamar ibak	38
kamar anak - kamar budak	42
pakaian - acuk	44
kantor - kantor	49
ekonomi - ékonomi	51
pekerjaan - pagawéan	53
alat - alat	56
alat musik - alat musik	57
kebun binatang - kebon binatang	59
olahraga - olahraga	62
aktivitas - aktivitas	63
keluarga - kulawarga	67
badan - awak	68
rumah sakit - rumah sakit	72
darurat - darurat	76
bumi - Bumi	77
jam - jam	79
minggu - minggu	80
tahun - taun	81
bentuk - bentuk	83
warna-warna - warna-warna	84
berlawanan - sabalikna	85
angka-angka - angka-angka	88
bahasa-bahasa - basa-basa	90
siapa / apa / begaimana - saha / naon / kumaha	91
dimana - di mana	92

Impressum
Verlag: BABADADA GmbH, Nedderfeld 112 , 22529 Hamburg
Geschäftsführer / Verlagsleitung: Harald Hof
Druck: Books on Demand GmbH, In de Tarpen 42, 22848 Norderstedt

Imprint
Publisher: BABADADA GmbH, Nedderfeld 112 , 22529 Hamburg, Germany
Managing Director / Publishing direction: Harald Hof
Print: Books on Demand GmbH, In de Tarpen 42, 22848 Norderstedt

sekolah
sakola

- ruang kelas / rohang kelas
- membagi bagi
- papan papan
- halaman sekolah / pakarangan sakola
- guru guru
- kertas kertas
- menulis nyerat / nulis
- pena kalam
- meja kerja méja gawé
- penggaris jidar
- buku buku
- murit murit

tas sekolah
tas sakola

tempat pensil
wadah potlot

pensil
potlot

pengasah pensil
rautan potlot

penghapus
pamupus

kertas gambar
kertas gambar

gambar
gambar

kuas
kuas cét

kotak cat
kotak cét

gunting
gunting

lem
lém

buku latihan
buku latihan

pekerjaan rumah
péér

angka
angka

tambhakan
nambahkeun

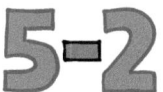
mengurangi
kurang

mengalikan
kali

menghitung
ngitung

huruf
surat

alfabet
alpabét

kata
kecap

sekolah - sakola

teks — téks

membaca — maca

kapur — kapur

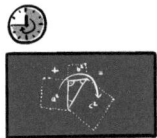

pelajaran — palajaran

daftar — daptar

ujian — ujian

sertifikat — sértipikat

seragam sekolah — saragam sakola

pendidikan — atikan

ensiklopedi — énsiklopédi

universitas — univérsitas

mikroskop — mikroskop

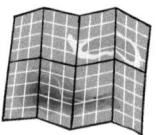

peta — peta

tempat sampah — wadah runtah

sekolah - sakola

perjalanan
lalampahan

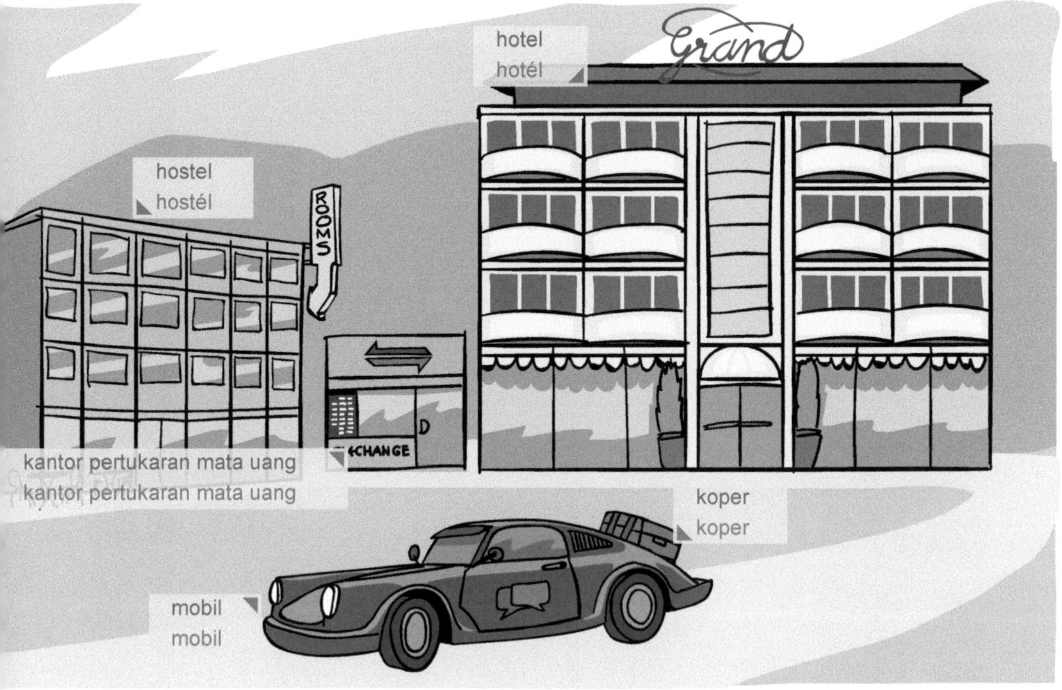

hotel
hotél
Grand
hostel
hostél
ROOMS
kantor pertukaran mata uang
kantor pertukaran mata uang
koper
koper
mobil
mobil

bahasa
basa

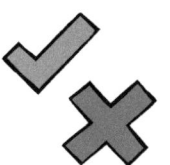

ya / tidak
muhun / henteu

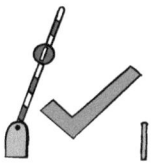

okay
oké

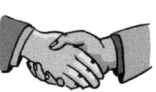

hallo
hei

penerjemah
panarjamah

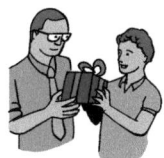

terima kasih
hatur nuhun

Berapa harganya...?
sabaraha hargana...?

saya tidak mengerti
abdi teu ngartos

masalah
masalah

Selamat malam!
Wilujeng wengi!

Selamat siang!
Wilujeng siang!

Selamat tidur!
Wilujeng wengi!

sampai jumpa
mugi patepang deui

arah
arah

bagasi
bagasi

tas
kantong

ransel
ransel

tamu
tamu

ruang
rohang

kantong tidur
kantong saré

tenda
tenda

perjalanan - lalampahan

informasi wisata

informasi wisata

pantai

pantai

kartu kredit

kartu krédit

sarapan

sarapan

makan siang

dahar beurang

makan malam

dahar peuting

tiket

tikét

elevator

lift

perangko

perangko

perbatasan

wates

cukai

cukai

kedutaan

kedutaan

visa

visa

paspor

paspor

perjalanan - lalampahan

transportasi
transportasi

kapal terbang
kapal terbang

perahu
parahu motor

mobil pemadam kebakaran
mobil pemadam kebakaran

truk
treuk

bis
beus

perahu motor
parahu motor

mobil
mobil

sepeda
sapeda

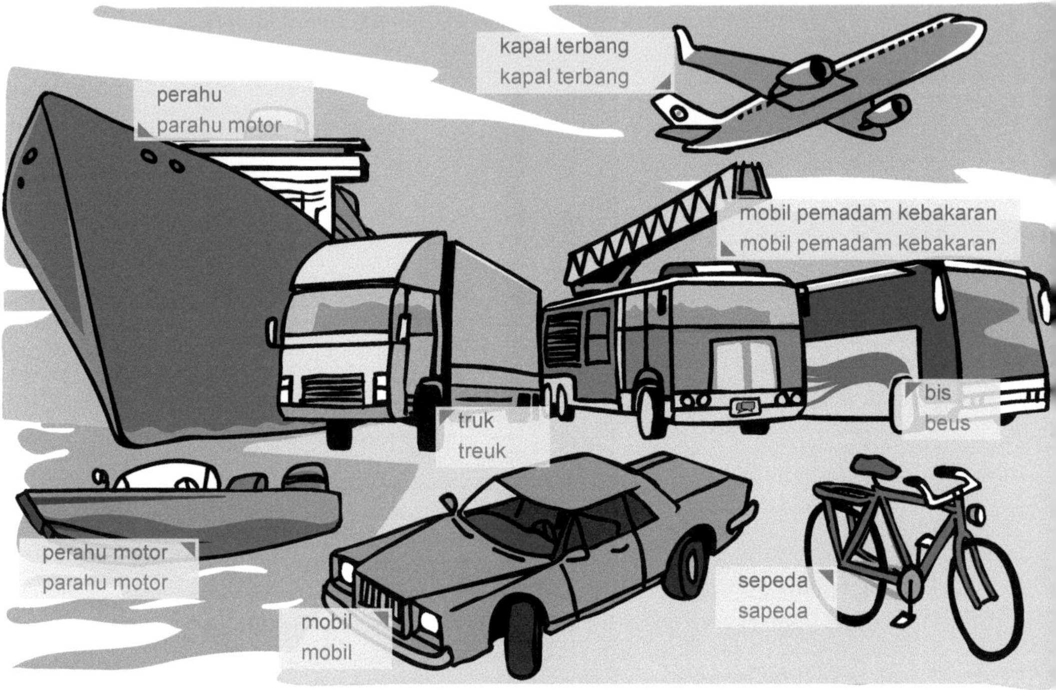

feri
kapal féri

perahu
parahu

sepeda motor
sapeda motor

mobil polisi
mobil pulisi

mobil balapan
mobil balap

mobil sewa
mobil nyéwa

transportasi - transportasi

berbagi mobil
mobil babarengan

truk derek
treuk dérék

truk sampah
treuk runtah

motor
motor

bahan bakar
bahan bakar

bensin
bénsin

tanda lalulintas
tanda lalulintas

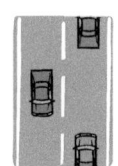
lalulintas
lalulintas

macet
macét

parkir mobil
parkir mobil

stasiun kereta
stasiun karéta

trek
trék

kereta api
karéta api

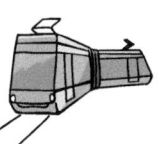
tram
tram

gerobak
garobag

transportasi - transportasi

helikopter
hélikopter

bendara
bandara

menara
munara

penumpang
panumpang

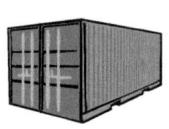

container
konténer

karton
karton

troli
troli

keranjang
karanjang

berangkat / mendarat
terbang / landas

kota
kota

desa
kampung

pusat kota
tengah kota

rumah
imah

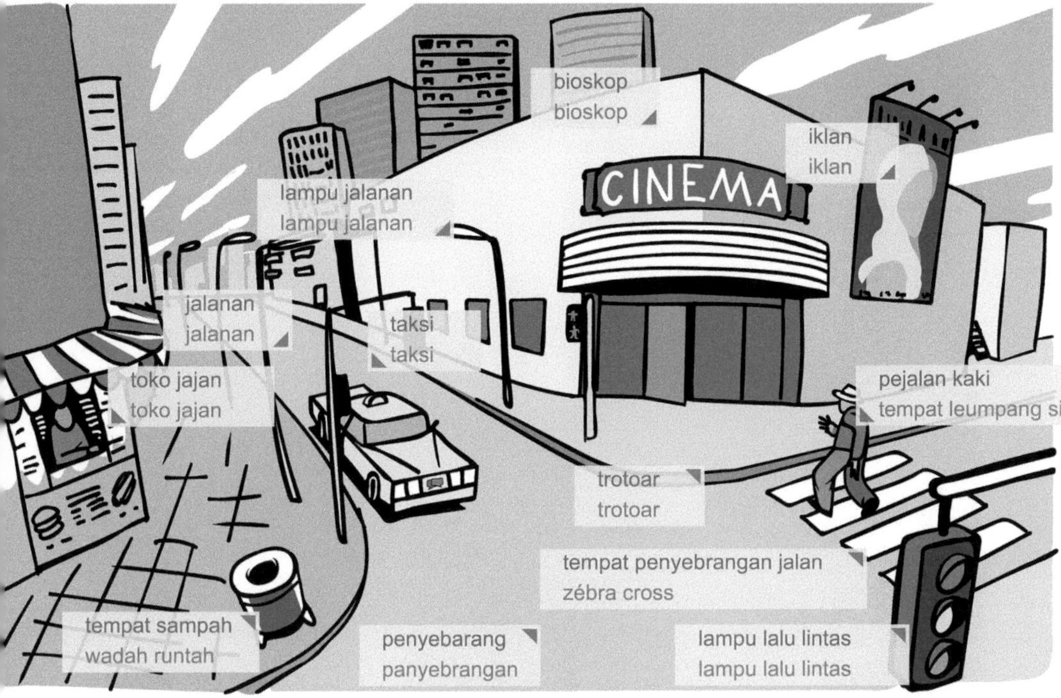

bioskop
bioskop

iklan
iklan

lampu jalanan
lampu jalanan

jalanan
jalanan

taksi
taksi

toko jajan
toko jajan

pejalan kaki
tempat leumpang sisi

trotoar
trotoar

tempat penyebrangan jalan
zébra cross

tempat sampah
wadah runtah

penyebarang
panyebrangan

lampu lalu lintas
lampu lalu lintas

gubuk
gubuk

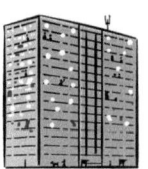

rumah flat
imah flat

stasiun kereta
stasiun karéta

balai kota
balai kota

museum
museum

sekolah
sakola

kota - kota

11

universitas
univérsitas

bank
bank

rumah sakit
rumah sakit

hotel
hotél

farmasi
farmasi

kantor
kantor

toko buku
toko buku

toko
toko

toko bunga
toko kembang

supermarket
supermarkét

pasar
pasar

toko serba ada
swalayan

nelayan
nalayan

pusat belanja
pusat balanja

pelabuhan
palabuan

taman
kebon

banku
korsi

jembatan
sasak

tangga
tangga

kereta bawah tanah
kareta bawah tanah

terowongan
torowongan

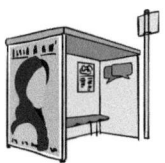

pemberhantian bis
halte beus

bar
bar

restauran
restoran

kotak surat
kotak surat

tanda jalan
tanda jalan

meteran parkir
meteran parkir

kebun binatang
kebon binatang

kolam renang
kolam renang

mesjid
masigit

kota - kota

pertanian
pertanian

polusi
polusi

kuburan
kuburan

gereja
gareja

tempat bermain
tempat ulin

pura
pura

pemandangan
pamandangan

- daun / daun
- penunjuk arah / panunjuk arah
- jalanan / jalanan
- padang rumput / ladang jukut
- batu / batu
- pohon / tangkal
- pejalak kaki / tukang leumpang
- sungai / susukan
- rumput / jukut
- bunga / kembang

lembah
lengkob

bukit
bukit

danau
tasik

hutan
leuweung

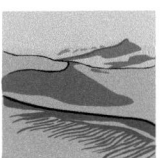

padang gurun
gurun

gunung berapi
gunung marapi

istana
karaton

pelangi
katumbiri

jamur
suung

pohon palem
tangkal palem

nyamuk
reungit

lalat
laleur

semut
sireum

lebah
nyiruan

laba-laba
lamat lancah

pemandangan - pamandangan

kumbang
nyiruan

kodok
bangkong

tupai
bajing

landak
landak

kelinci
kalinci

burung hantu
bueuk

burung
manuk

angsa
soang

babi jantan
bagong

rusa
kijang

rusa
kijang

bendungan
bendungan

turbin angin
turbin angin

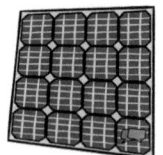

panel surya
panél surya

iklim
iklim

restauran
restoran

- pelayan / badega
- daftar makanan / menu
- kursi / korsi
- sup / sop
- pizza / pitsa
- taplak / taplak
- peralatan makan / parkakas dahar

hindangan pembuka
hidangan pembuka

minuman
inuman

hidangan utama
hidapan utama

makanan
dahareun

hidangan penutup
hidangan penutup

botol
botol

restauran - restoran

fastfood

dahareun cepat saji

masakan jalanan

jajanan sisi jalan

teko teh

téko téh

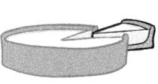

kaleng gula

wadah gula

porsi

porsi

mesin espresso

mesin éspréso

kursi tinggi

korsi jangkung

tagihan

tagihan

baki

baki

pisau

péso

garpu

garpu

sendok

séndok

sendok teh

séndok téh

serbet

serbét

gelas

gelas

restauran - restoran

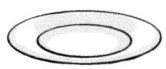
piring
piring

piring sup
mangkok sop

lepek
pisin

saus
saos

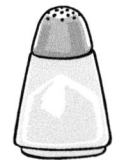
tempat garam
wadah uyah

gilingan merica
panggiling pedes

cuka
cuka

minyak
minyak

bumbu
bumbu

saus tomat
saos tomat

mustar
mustard

mayones
mayonés

supermarket
supermarkét

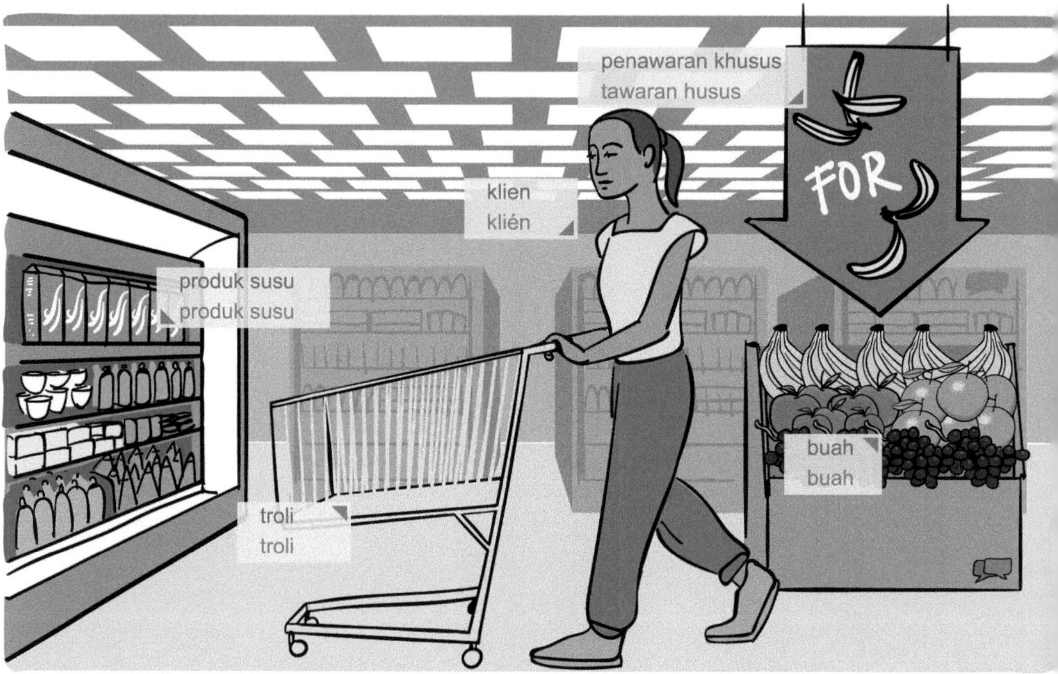

penawaran khusus
tawaran husus
FOR
klien
klién
produk susu
produk susu
buah
buah
troli
troli

BUTCHERS

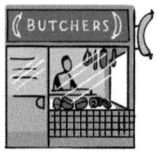

pembantai

tukang meuncit

BAKERY

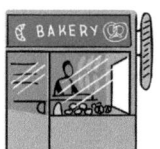

toko roti

toko roti

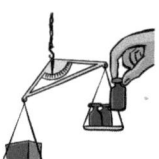

menimbang

nimbang

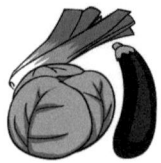

sayur

sayur

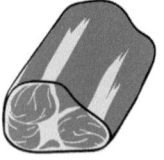

daging

daging

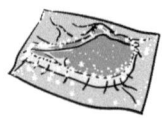

makanan beku

tuangeun beku

pemotongan dingin
alat potong daging

makanan kaleng
dahareun kaléng

sabun serbuk
sabun serbuk

permen
permén

alat-alat rumah tangga
perkakas rumah tangga

obat pembersihan
produk pembersih

penjual
tukang jualan

kasa
kasa

kasir
kasir

daftar belanja
daftar balanja

jam buka
jam buka

dompet
dompét

kartu kredit
kartu krédit

tas
kantong

kantong plastik
kantong palastik

supermarket - supermarkét

minuman
inuman

air

cai

jus

jus

susu

susu

cola

kola

anggur

anggur

bir

arak

alkohol

arak

coklat

coklat

teh

téh

kopi

kopi

espresso

éspréso

cappucino

kapucino

makanan
dahareun

pisang
pisang

apel
apel

jeruk
jeruk

semangka
samangka

jeruk lemon
lémon

wortel
wortel

bawang putih
bawang bodas

bambu
awi

bawang bombai
bawang bombai

jamur
suung

kacang
suuk

mi
emih

spagetti	nasi	salat
spagéti	sangu	salat

kentang goreng	kentang goreng	pizza
kentang goréng	kentang goréng	pitsa

hamburger	sandwich	sayatan
hamburger	roti lapis	sakeureut daging

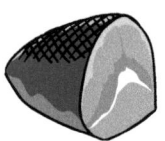

ham	salami	sosis
ham	salami	sosis

ayam	menggoreng	ikan
hayam	ngagoreng	lauk

makanan - dahareun

bubur gandum
bubur gandum

sereal
séréal

cornflakes
cornflakes

tepung
tarigu

croissant
croissant

roti
roti

roti
roti

toast
roti panggang

biskuit
biskuit

mentega
mantéga

dadih
dadih

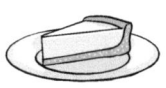

kue
kuéh

telur
endog

telur goreng
goréng endog

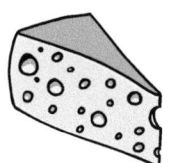

keju
keju

makanan - dahareun

eskrim	gula	madu
eskrim	gula	madu

selai	krim nugat	kare
selé	krim coklat	karé

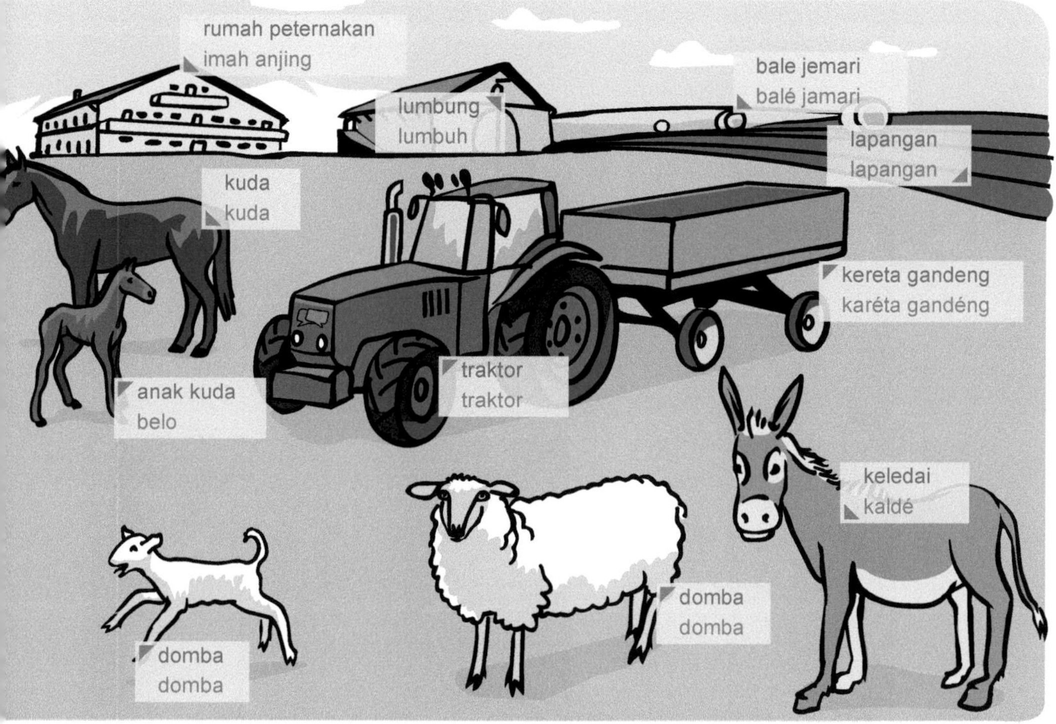

pertanian
pertanian

rumah peternakan / imah anjing
lumbung / lumbuh
bale jemari / balé jamari
lapangan / lapangan
kuda / kuda
kereta gandeng / karéta gandéng
anak kuda / belo
traktor / traktor
keledai / kaldé
domba / domba
domba / domba

kambing
embé

sapi
sapi

betis
bitis

babi
bagong

celeng
babi

banteng
banténg

angsa
soang

bebek
éntog

anak ayam
pitik

ayam
hayam

ayam jantan
hayam jago

tikus
beurit

kucing
ucing

tikus
beurit

lembu
sapi

anjing
anjing

rumah anjing
imah anjing

selang
selang

penyiram
kaléng nyiram

sabit
arit panjang

bajak
ngabajak

pertanian - pertanian

 sabit / arit	 cangkul / pacul	 garpu rumput / garpuh jukut
 kapak / kapak	 gerobak / gorobah	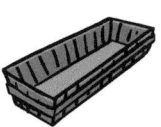 palung / palung
 kaleng susu / kaléng susu	 karung / karung	 pagar / pager
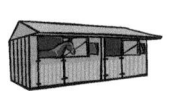 kandang / kandang	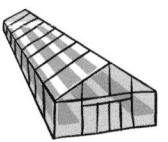 rumah kaca / imah kaca	 tanah / taneuh
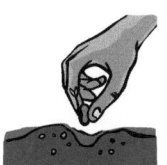 benih / benih	 pupuk / pupuk	 mesin pemanen / mesin permén

pertanian - pertanian

panen
panén

panen
panén

yams
yams

gandum
gandum

kedelai
kedelé

kentang
kentang

jagung
jagong

lobak
lobak

pohon buah
tangkal buah

singkong
sampeu

sereal
séréal

pertanian - pertanian

rumah
imah

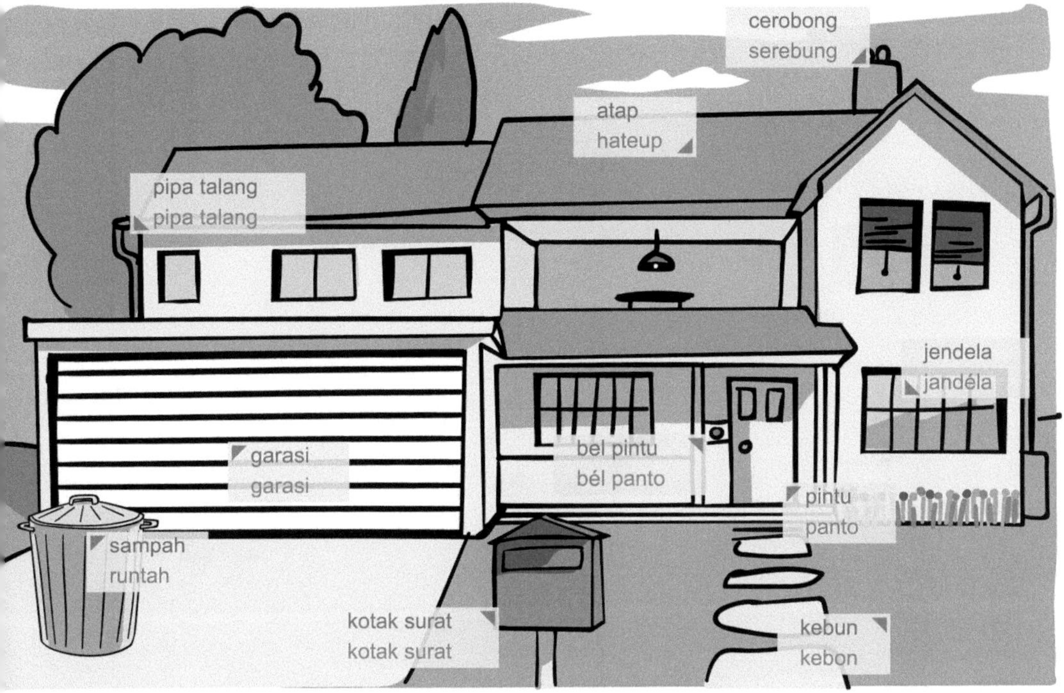

- cerobong / serebung
- atap / hateup
- pipa talang / pipa talang
- jendela / jandéla
- garasi / garasi
- bel pintu / bél panto
- pintu / panto
- sampah / runtah
- kotak surat / kotak surat
- kebun / kebon

ruang tamu
rohang tamu

kamar mandi
kamar ibak

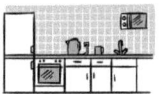

dapur
dapur

kamar tidur
pangkéng

kamar anak
kamar budak

kamar makan
kamar makan

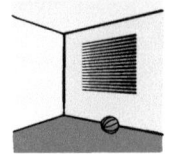

lantai
téhel

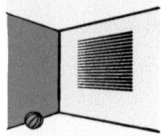

tembok
tembok

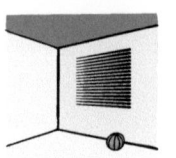

atap
hateup

gudang di bawah tanah
gudang di handap imah

sauna
sauna

balkon
balkon

teras
tepas

kolam renang
kolam renang

mesin pemotong rumput
mesin pamotong jukut

sprei
sepré

selimut
simbut

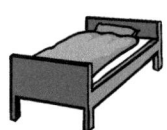

tempat tidur
ranjang

sapu
sapu

ember
émbér

tombol
tombol

ruang tamu
rohang tamu

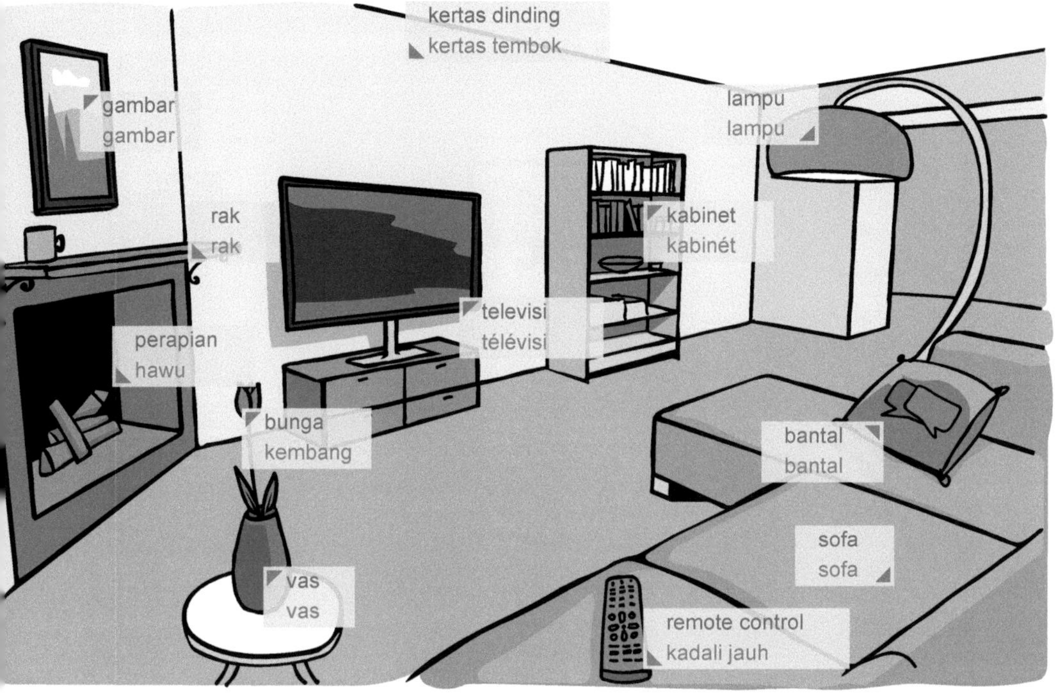

- kertas dinding / kertas tembok
- gambar / gambar
- lampu / lampu
- rak / rak
- kabinet / kabinét
- perapian / hawu
- televisi / télévisi
- bunga / kembang
- bantal / bantal
- vas / vas
- sofa / sofa
- remote control / kadali jauh

karpet
karpét

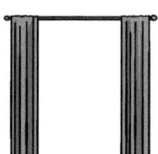

korden
hordéng

meja
meja

kursi
korsi

kursi goyang
korsi goyang

kursi malas
korsi malas

buku
buku

selimut
simbut

dekorasi
dékorasi

kayu bakar
suluh

filem
pilem

hi-fi
hi-fi

kunci
konci

koran
surat kabar

lukisan
lukisan

poster
poster

radio
radio

buku tulis
buku tulis

penyedot debu
panyedot kebul

kaktus
kaktus

lilin
lilin

dapur
dapur

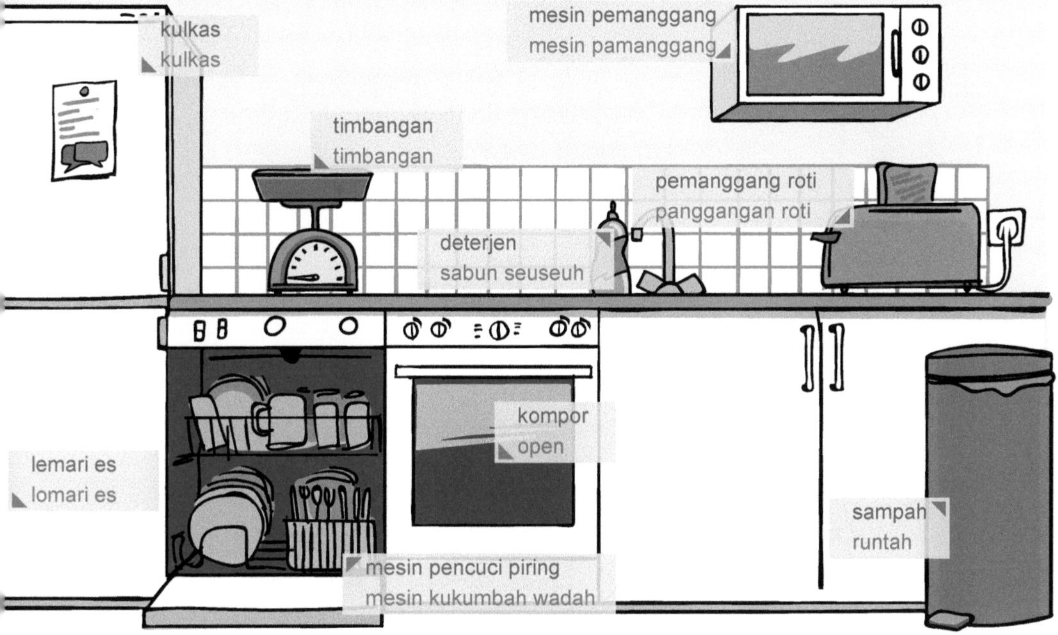

- kulkas / kulkas
- mesin pemanggang / mesin pamanggang
- timbangan / timbangan
- pemanggang roti / panggangan roti
- deterjen / sabun seuseuh
- kompor / open
- lemari es / lomari es
- sampah / runtah
- mesin pencuci piring / mesin kukumbah wadah

kompor

kompor

panci

panci

panci besi

panci beusi

wajan

katél

panci

panci

pemanas air

citél

dapur - dapur

panci pengukus makanan
langseng

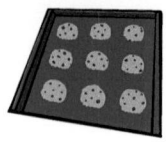
nampan
baki

piring
piring

cangkir
cangkir

mangkok
mangkok

sumpit
sumpit

sendok sup
sendok sop

sudip
sérok

mengocok
pangocok

saringan
ayakan

saringan
saringan

parutan
parutan

mortir
mortar

barbeque
daging bakar

api terbuka
suluh

papan memotong

papan pamotong

gilingan

gilingan

alat pembuka botol

alat pambuka tutup botol

kaleng

kaléng

pembuka kaleng

pambuka kaléng

pegangan panci

gagang panci

wastafel

tilelep

sikat

sikat

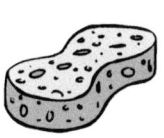

busa

busa

mesin pencampur

blénder

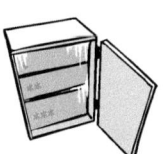

lemari es

lomari es

botol bayi

botol orok

keran

keran

dapur - dapur

kamar mandi
kamar ibak

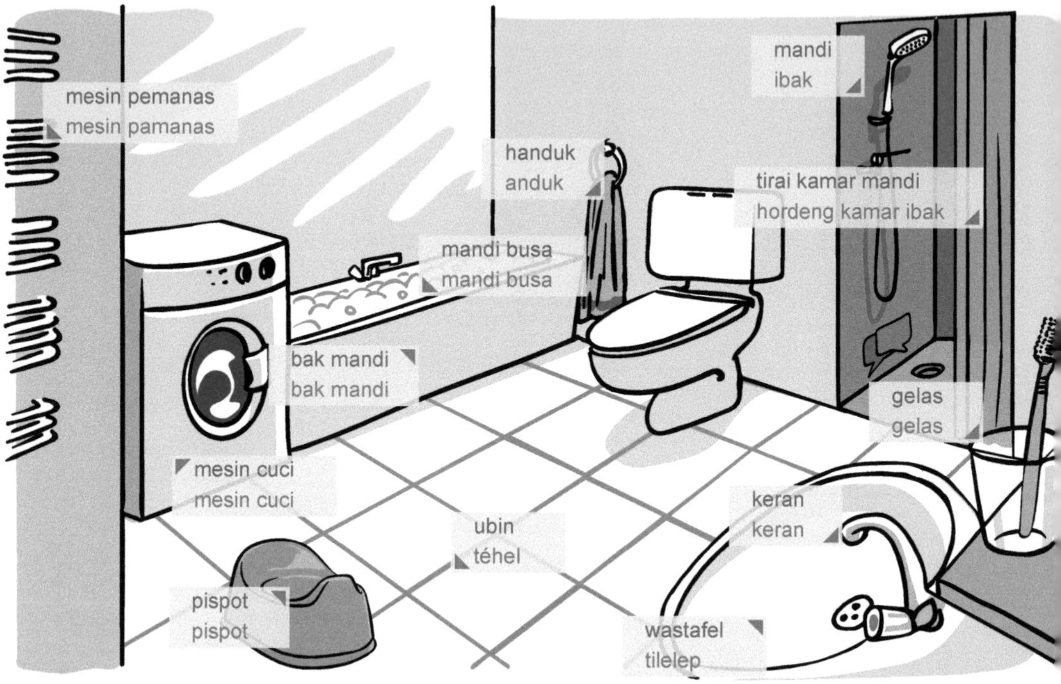

- mesin pemanas / mesin pamanas
- mandi / ibak
- handuk / anduk
- tirai kamar mandi / hordeng kamar ibak
- mandi busa / mandi busa
- bak mandi / bak mandi
- gelas / gelas
- mesin cuci / mesin cuci
- keran / keran
- ubin / téhel
- pispot / pispot
- wastafel / tilelep

toilet / jamban	toilet jongkok / cubluk	bidet / bidét
pissoir / urinal	kertas toilet / kertas jamban	sikat toilet / sikat jamban

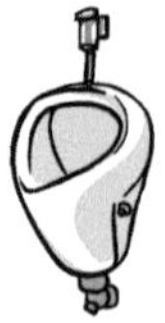

kamar mandi - kamar ibak

sikat gigi

sikat huntu

pasta gigi

odol

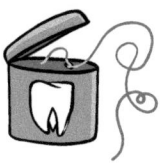

benang gigi

benang gigi

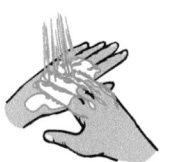

menyuci

nyeuseuh

pancuran tangan

kokocoran leungeun

pancuran

kukucuran

bak

bak

sikat punggung

panyikat tonggong

sabun

sabun

gel mandi

gel ibak

sampo

sampo

planel

planél

kuras

nguras

krim

krim

deodoran

déodoran

kamar mandi - kamar ibak

kaca
euntueng

cermin tangan
eunteung leungeun

pisau cukur
péso cukur

busa cukur
busa cukur

aftershave
krim cukur

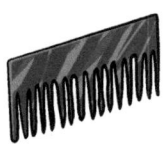

sisir
sisir

sikat
sikat

alat pengering rambut
alat panggaring rambut

semprot rambut
semprotan rambut

makeup
pangrias beungeut

lipstik
lipstik

cat kuku
cét kuku

kapas
kapas

gunting kuku
gunting kuku

minyak wangi
minyak seungit

kamar mandi - kamar ibak

kantong pencuci

kantong seuseuh

bangku

bangku

timbangan

timbangan

mantel mandi

baju mandi

sarung tangan karet

sarung tangan karét

tampon

sampon

handuk pembalut

handuk pembalut

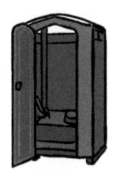

toilet kimia

jamban kimia

kamar mandi - kamar ibak

kamar anak
kamar budak

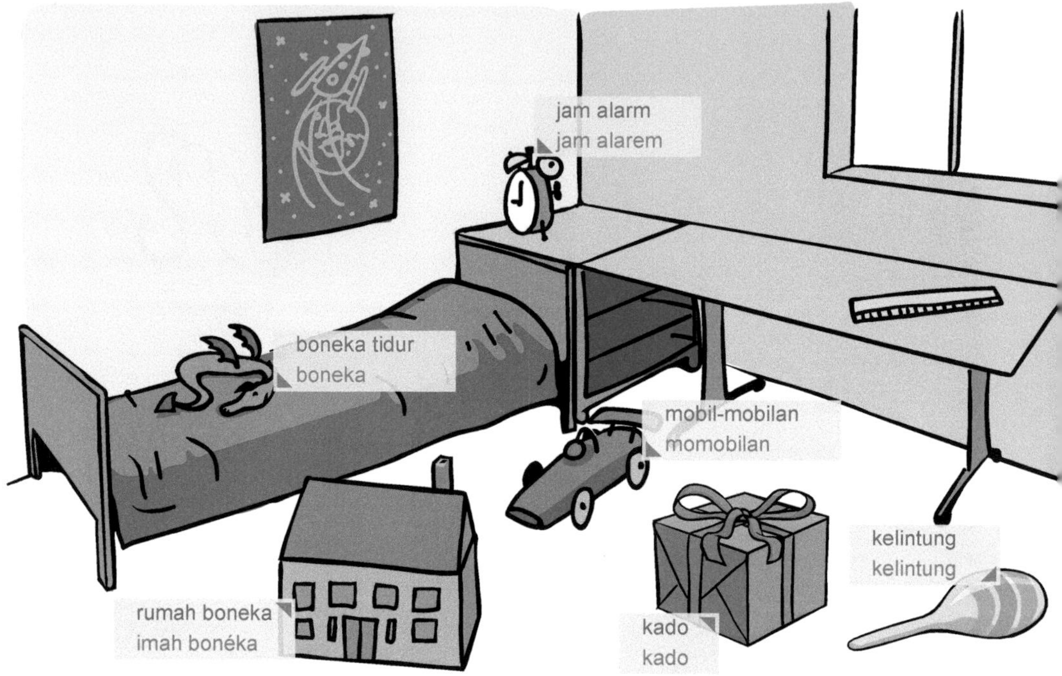

- jam alarm / jam alarem
- boneka tidur / boneka
- mobil-mobilan / momobilan
- kelintung / kelintung
- rumah boneka / imah bonéka
- kado / kado

balon
balon

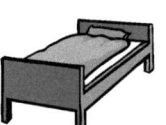

tempat tidur
ranjang

kereta bayi
karéta orok

mainan kartu
kartu

teka-teki
tatarucingan

komik
komik

mainan lego
kaulinan lego

blok mainan
kaulinan bentuk blok

figur aksi
figur tokoh

baju monyet
baju budak

frisbee
frisbee

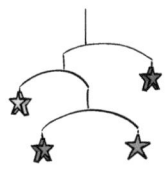

mobile
mobile

permainan papan
papan gim

dadu
dadu

set model kreta api
set model kareta api

dot
endot

pesta
pihak

buku gambar
buku gambar

bola
bal

boneka
bonéka

bermain
ulin

tempat main pasir
wadah pasir maénan

ayunan
ayunan

mainan
kaulinan

video game konsol
video gim konsol

sepeda roda tiga
sapedah roda tilu

teddy
bonéka beruang

lemari pakaian
lomari baju

pakaian
acuk

kaos kaki
kaos kaki

kaos kaki
kaos kaki

baju ketat
baju ketat

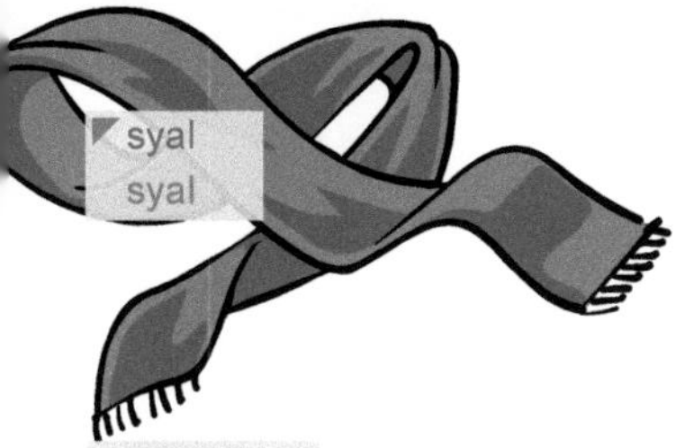

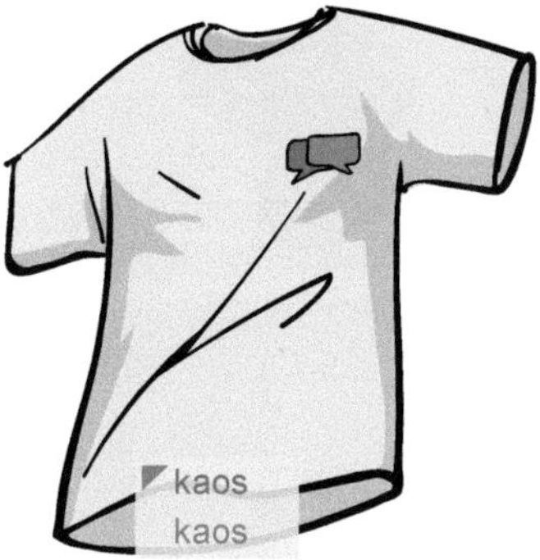

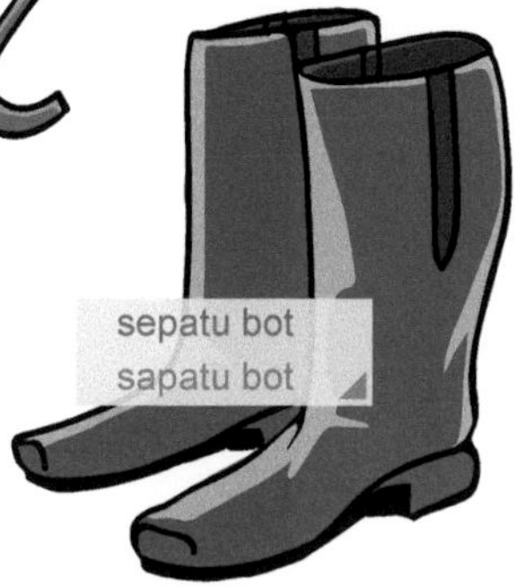

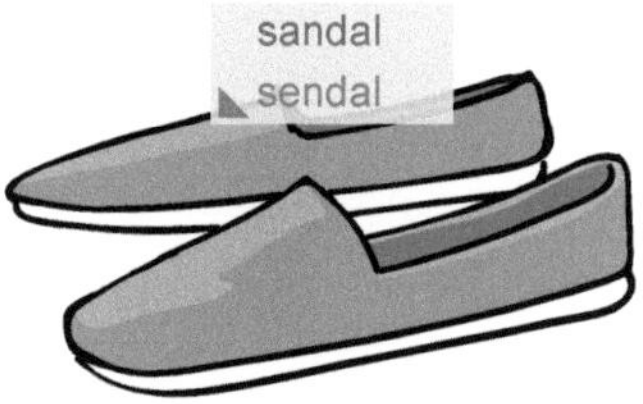

syal
syal

sabuk
beubeur

payung
payung

kaos
kaos

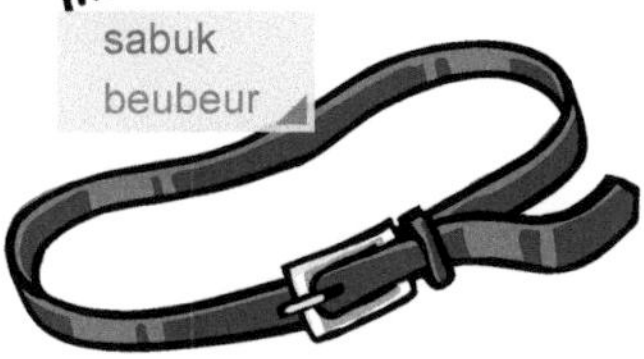

sepatu bot
sapatu bot

sandal
sendal

sepatu
sapatu

sandal
sendal

sepatu
sapatu

sepatu bot karet
sapatu bot karét

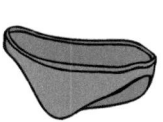
celana dalam
cangcut

BH
kutang

baju rompi
baju rompi

pakaian - acuk

body
awak

celana
calana

jeans
jins

rok
rok

blus
blus

kemeja
kaméja

aket berkerudung
jakét tiung

sweater
baju haneut

jaket
jakét

jaket
jakét

mantel
jakét

jas hujan
jas hujan

kostum
kostum

gaun
gaun

gaun pengantin
gaun pangantén

pakaian - acuk

setelan resmi
baju resmi

gaun tidur
baju saré

piyama
piyama

sari
sari

jilbab
tiung

turban
turban

burka
burka

kaftan
kaftan

abaya
abaya

pakaian renang
baju renang

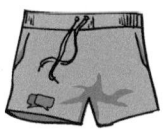

celana renang
calana renang

celana pendek
calana péndék

olah raga
orang raga

celemek
celemék

sarung tangan
sarung tangan

pakaian - acuk

kancing
kancing

kacamata
kaca soca

gelang
gelang

kalung
kongkorong

cincin
ali

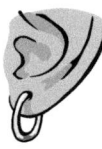

anting
giwang

topi
topi

gantungan mantel
gantungan jakét

topi
topi

dasi
dasi

ritsleting
risléting

helm
hélem

tali selempang
tali salémpang

seragam sekolah
saragam sakola

seragam
saragam

pakaian - acuk

oto
apron orok

dot
endot

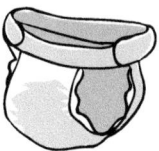

popok
popok

kantor
kantor

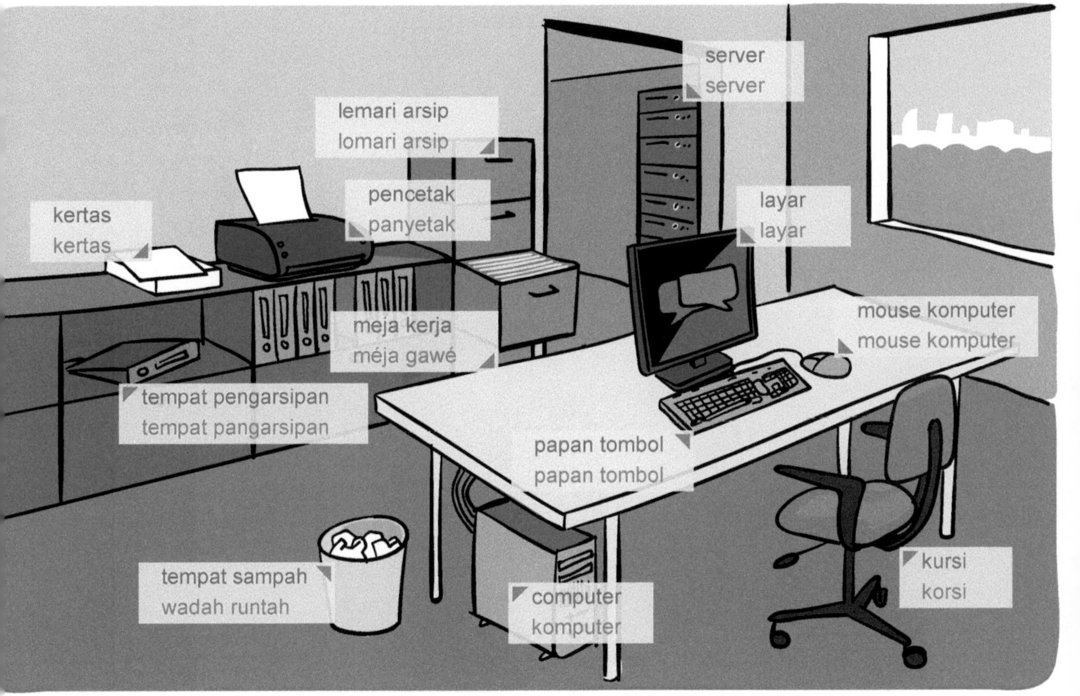

lemari arsip
lomari arsip

pencetak
panyetak

server
server

layar
layar

kertas
kertas

meja kerja
méja gawé

mouse komputer
mouse komputer

tempat pengarsipan
tempat pangarsipan

papan tombol
papan tombol

tempat sampah
wadah runtah

computer
komputer

kursi
korsi

cangkir kopi
cangkir kopi

kalkulator
kalkulator

internet
internét

laptop
laptop

surat
surat

pesan
pesen

telepon seluler
telpon sélulér

jaringan
jaringan

fotokopi
fotokopi

software
software

telepon
telpon

plug soket
plug sokét

mesin fax
mesin fax

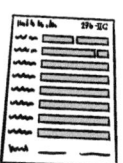

formulir
formulir

dokumen
dokumén

ekonomi
ékonomi

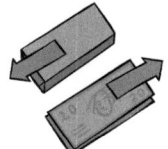

membeli

mésér

membayar

mayar

berdagang

dagang

uang

artos

Dollar

dollar

Euro

euro

Yen

yen

Rubel

rubel

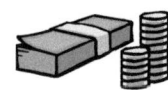

Franc Swiss

Franc swiss

Renminbi Yuan

renminbi yuan

Rupiah

rupiah

ATM

ATM

kantor pertukaran mata uang
kantor pertukaran mata uang

emas
emas

perak
pérak

minyak
minyak

energi
énérgi

harga
harga

kontrak
kontrak

pajak
pajak

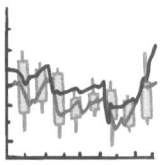

saham
saham

bekerja
gawé

karyawan
karyawan

majikan
dunungan

pabrik
pabril

toko
toko

ekonomi - ékonomi

pekerjaan
pagawéan

petugas polisi
petugas pulisi

pemadam kebakaran
pemadam kebakaran

pemasak
koki

dokter
dokter

pilot
pilot

tukan kebun
tukan kebon

tukang kayu
tukang kai

penjahit wanita
tukang jait awéwé

hakim
hakim

ahli kimia
ahli kimia

aktor
aktor

sopir bis
sopir beus

sopir taksi
sopir taksi

nelayan
nalayan

pembantu
pembantu

tukang atap
tukang hateup

pelayan
badega

pemburu
tukang muru

pelukis
pelukis

tukang roti
tukang roti

tukang listrik
tukang listrik

pembangun
tukang bangun

insinyur
insinyur

tukang daging
tukang daging

tukang ledeng
tukang pipa

tukang pos
tukang pos

pekerjaan - pagawéan

tentara
tentara

arsitek
arsiték

kasir
kasir

penjual bunga
tukang kembang

penata rambut
tukang salon

konduktor
konduktor

montir
tukang méngkél

kapten
kaptén

dokter gigi
dokter gigi

ilmuwan
ilmuwan

rabbi
rabbi

imam
imam

biarawan
biarawan

pendeta
pendéta

pekerjaan - pagawéan

alat
alat

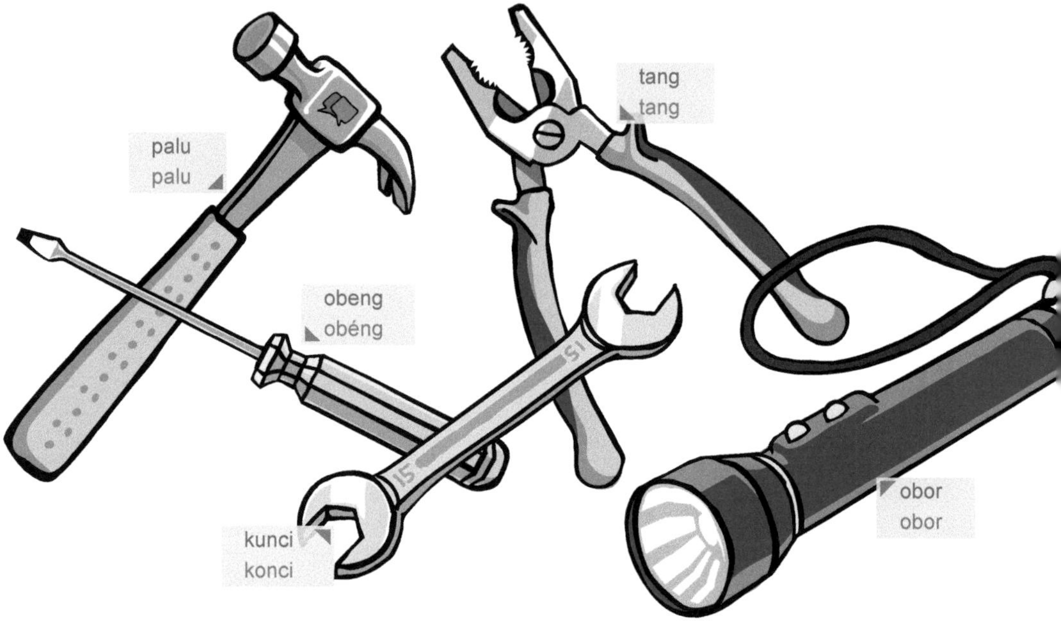

palu
palu

tang
tang

obeng
obéng

kunci
konci

obor
obor

penggali
panggali

tas perkakas
kantong parkakas

tangga
tangga

gergaji
ragaji

paku
paku

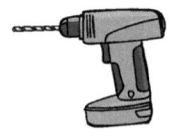

bor
bor

perbaikan
ngabenerkeun

sekop
sekop

Sialan!
Kéhéd!

cikrak
pengki

pot cat
pot cét

sekrup
sekrup bor

alat musik
alat musik

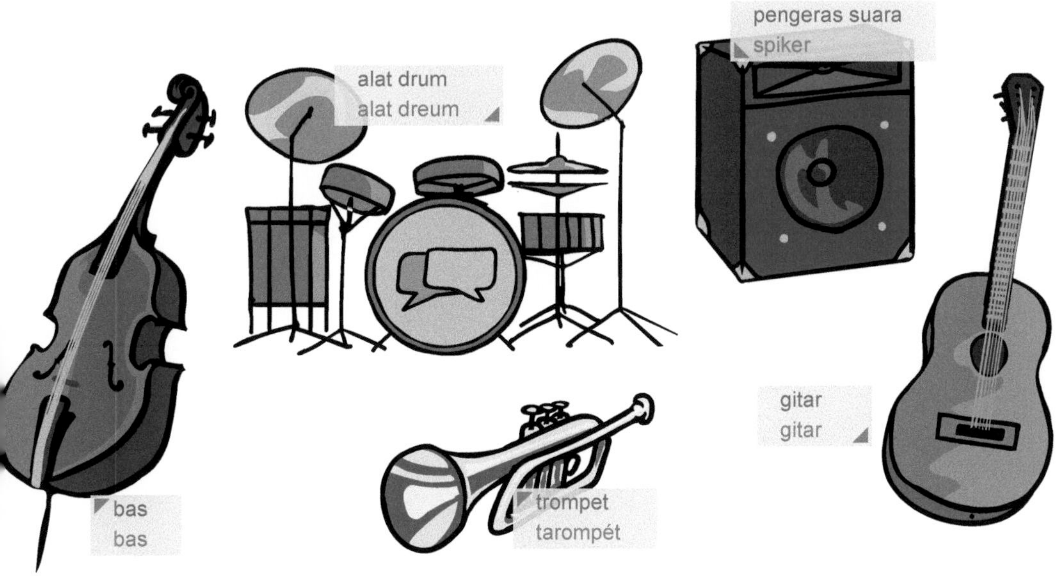

- bas / bas
- alat drum / alat dreum
- pengeras suara / spiker
- gitar / gitar
- trompet / tarompét

alat musik - alat musik

piano
piano

violin
violin

bass
bas

tambur
tambur

drum
dreum

keyboard
keyboard

saksofon
saksofon

suling
suling

mikrofon
mikrofon

alat musik - alat musik

kebun binatang
kebon binatang

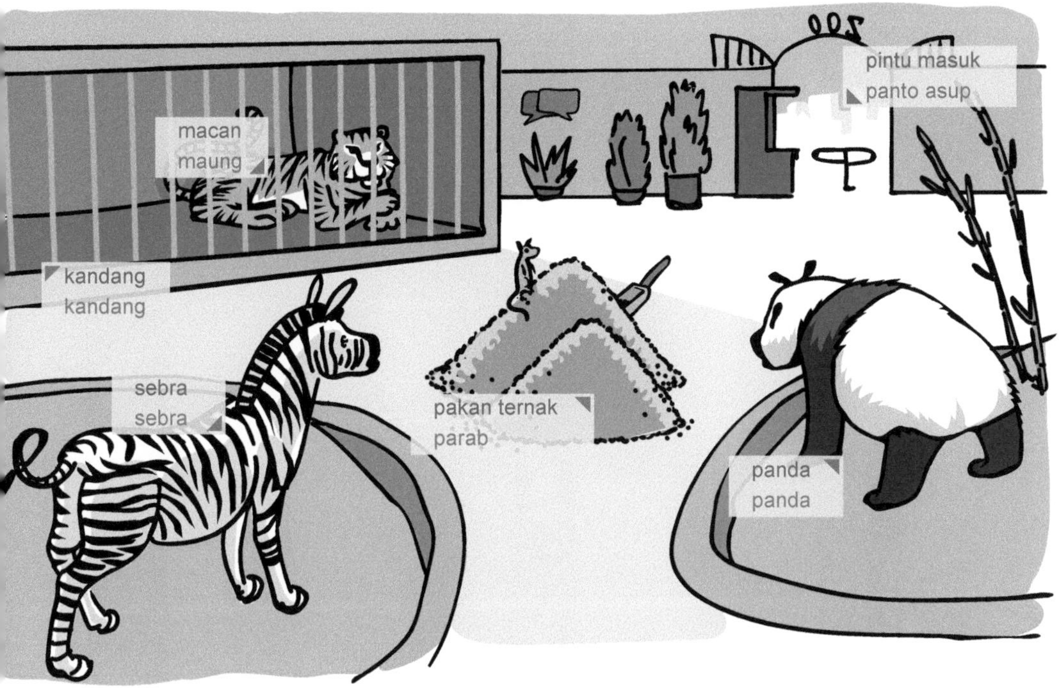

- pintu masuk / panto asup
- macan / maung
- kandang / kandang
- sebra / sebra
- pakan ternak / parab
- panda / panda

hewan
sato

gajah
gajah

kanguru
kanguru

badak
badak

gorila
gorila

beruang
biruang

unta

onta

burung unta

manuk onta

singa

singa

monyet

monyét

flamingo

flamingo

burung beo

manuk béo

beruang polar

biruang polar

penguin

penguin

hiu

hiu

merak

merak

ular

oray

buaya

buaya

penjaga kebun binatang

tukang jaga kebon binatang

segel

anjing laut

jaguar

jaguar

kebun binatang - kebon binatang

kuda poni
kuda poni

macan tutul
macan tutul

kuda nil
kuda nil

jerapah
jerapah

burung elang
heulang

babi jantan
bagong

ikan
lauk

kura-kura
kuya

anjing laut
anjing laut

rubah
robah

kijang
kijang

olahraga
olahraga

american football
sepak bola Amérika

naik sepeda
sasapédahan

tennis
ténis

basketbal
baskét

bernang
renang

hoki es
hoki és

tinju
tinju

sepak bola
sépak bola

badminton
badminton

atletik
atletik

bola tangan
bola tangan

main ski
ski

polo
polo

olahraga - olahraga

aktivitas
aktivitas

meloncat / gaganjleng

memeluk / nangkeup

ketawa / seuri

berjalan / leumpang

menyanyi / nyanyi

mengimpi / ngimpén

berdoa / ngadoa

mencium / nyium

menulis

nyerat / nulis

melukis

ngalukis

menunjuk

ningalikeun

mendorong

ngadorong

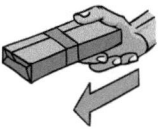

memberikan

méré

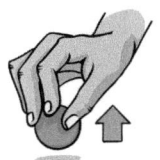

mengambil

mawa

aktivitas - aktivitas

mempunyai

boga

melakukan

ngalakukeun

adalah

nya éta

berdiri

tatih

berlari

lumpat

menarik

narik

melempar

malédog

jatuh

ragrag

tidur

saré

menunggu

nungguan

membawa

nyandak

duduk

diuk

berpakaian

anggé acuk

tidur

saré

bangun

hudang

aktivitas - aktivitas

melihat
ningali

menangis
méwék

mengelus
ngusapan

menyisir
nyisir

berbicara
nyarita

mengerti
ngarti

menanyak
naros

mendengar
ngadéngé

minum
nginum

makan
dahar

merapikan
bébérés

cinta
bogoh

memasak
masak

menyetir
nyetir

terbang
hiber

aktivitas - aktivitas

berlayar
balayar

menghitung
ngitung

membaca
maca

belajar
diajar

bekerja
gawé

menikah
kawin

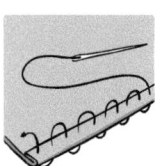
menjahit
ngajait

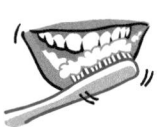
sikat gigi
sikat huntu

membunuh
maéhan

merokok
ngarokok

kirim
ngirim

aktivitas - aktivitas

keluarga
kulawarga

- nenek / nini
- kakek / aki
- bapak / bapak
- ibu / emak
- bayi / orok
- putri / budak awéwé
- putra / budak lalaki

tamu
tamu

bibi
bibi

paman
emang

kakak laki
aa

kakak perempuan
tétéh

badan
awak

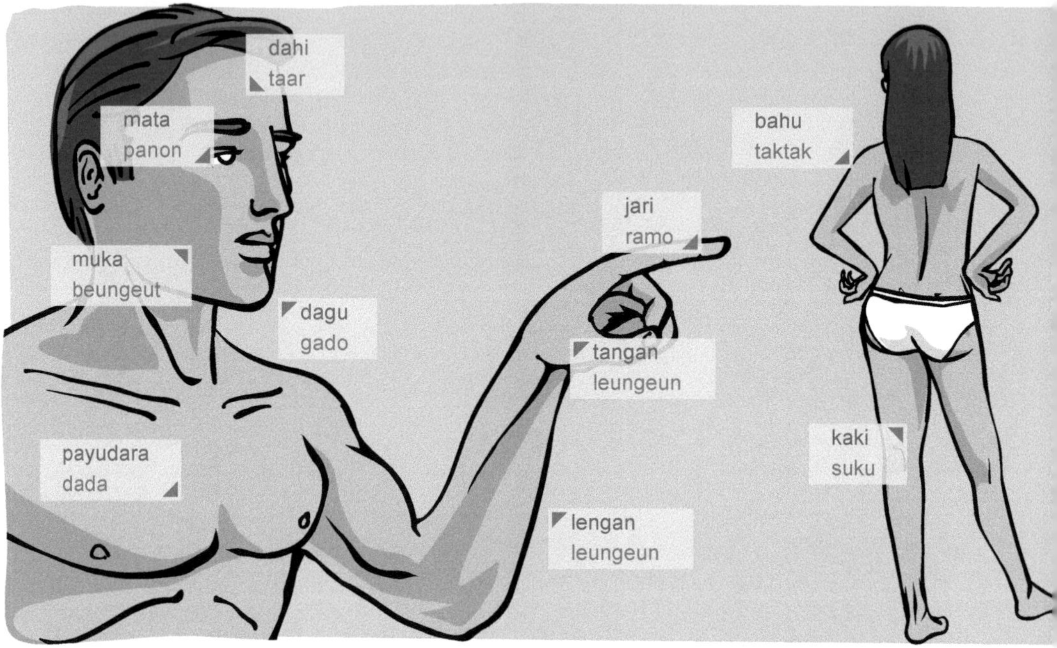

- dahi / taar
- mata / panon
- muka / beungeut
- dagu / gado
- bahu / taktak
- jari / ramo
- tangan / leungeun
- payudara / dada
- lengan / leungeun
- kaki / suku

bayi
orok

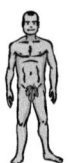

pria
lalaki

wanita
awéwé

perempuan
awéwé

laki
lalaki

kepala
sirah

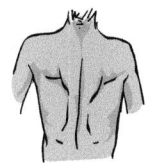
punggung
tonggong

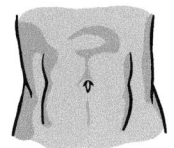
perut
beuteung

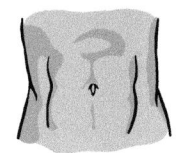
pusar
bujal

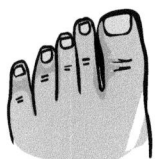
toe
jempol

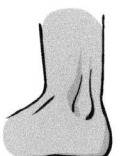
tumit
keuneung

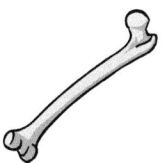
tulang
tulang

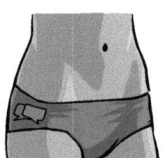
pinggang
cangkéng

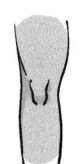
lutut
tuur

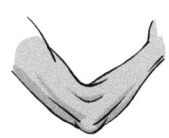
siku
sikut

hidung
irung

pantat
bujur

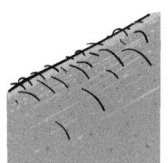
kulit
kulit

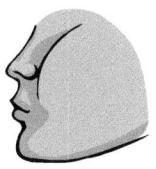
pipi
pipi

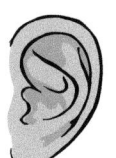
telinga
ceuli

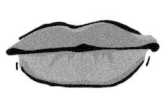
bibir
biwir

badan - awak

mulut
baham

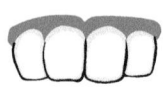

gigi
huntu

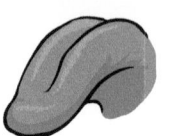

lidah
létah

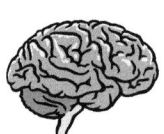

otak
uteuk

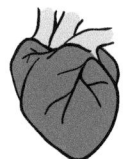

jantung
haté

otot
otot

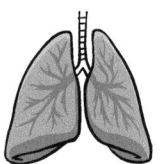

paru-paru
bayah

hati
ati

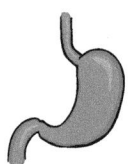

stomach
lambung

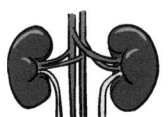

ginjal
ginjal

hubungan seks
sapatemon

kondom
kondom

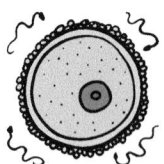

sel telur
sél telur

sperma
spérma

kehamilan
kakandungan

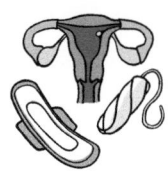
menstruasi
haid

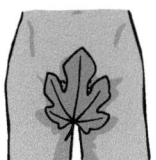
vagina
heunceut

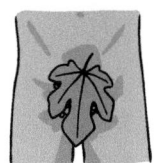
penis
sirit

alis
halis

rambut
buuk

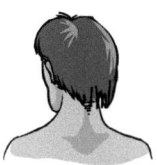
leher
beuheung

badan - awak

rumah sakit
rumah sakit

rumah sakit
rumah sakit

ambulans
ambulan

kursi roda
korsi roda

patah tulang
pateuh

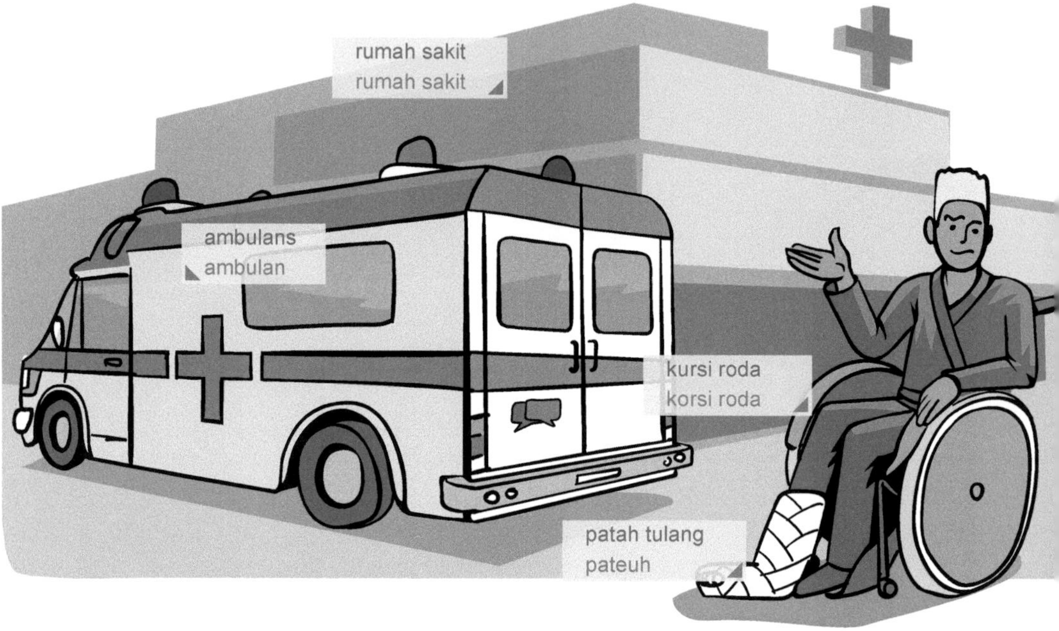

dokter
dokter

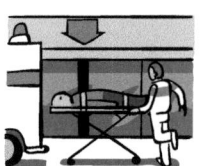

ruang darurat
rohang darurat

perawat
parawat

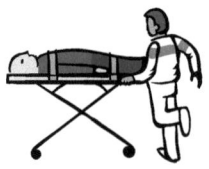

darurat
darurat

semaput
pingsan

sakit
nyeri

 cedera / tatu	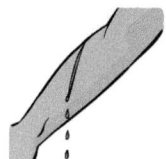 perdarahan / ngaluarkeun getih	 serangan jantung / jantungan
 stroke / strok	 alergi / alérgi	 batuk / batuk
 demam / muriang	 flu / salésma	 diare / birit
 sakit kepala / rieut	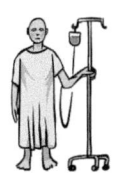 kanker / kanker	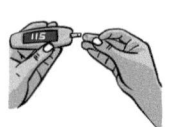 diabetes / diabétés
 ahli bedah / ahli bedah	 pisau bedah / péso bedah	 operasi / operasi

rumah sakit - rumah sakit

 CT / CT	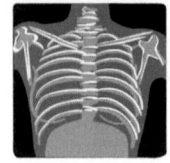 sinar x / sinar x	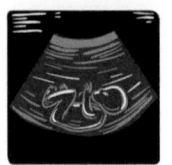 usg / usg
 topeng / topéng	 penyakit / panyakit	 ruang tunggu / rohang tunggu
 penyokong / pangrojong	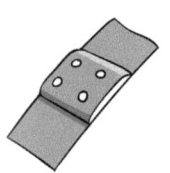 plester / paléstér	 perban / perban
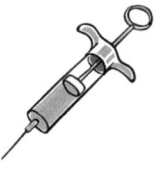 injeksi / injéksi	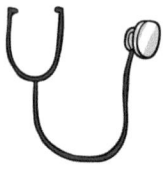 stetoskop / stétoskop	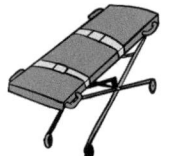 usungan / tandu
 termometer klinis / termométer klinis	 kelahiran / kalahiran	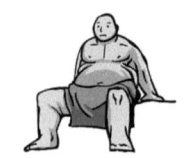 kelebihan berat badan / obésitas

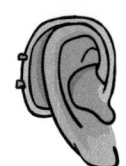

alat pendengar

alat bantu dédéngéan

desinfektan

désinféktan

infeksi

inféksi

virus

virus

HIV / AIDS

HIV / AIDS

obat

obat

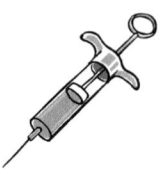

vaksinasi

vaksinasi

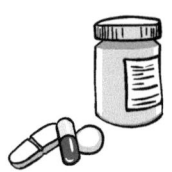

tablet

tablét

pil

pil

panggilan darurat

panggilan darurat

ukur tekanan darah

ngukur ténsi

sakit / sehat

gering / séhat

darurat
darurat

Tolong!	 alarm	 penyerbuan
Tulung!	alarem	gangguan

 serangan	 bahaya	 pintu darurat
narajang	bahaya	panto darurat

Api!	 alat pemadam kebakaran	 kecelakaan
Seuneu!	alat pemadam kabakaran	kacilakaan

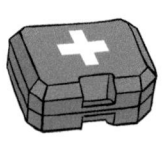 kit pertolongan pertama	 SOS	 polisi
kotak P3K	SOS	pulisi

bumi
Bumi

Eropa
Eropa

Amerika Utara
Amérika Utara

Amerika Selatan
Amérika Selatan

Afrika
Afrika

Asia
Asia

Australi
Australi

Atlantik
Atlantik

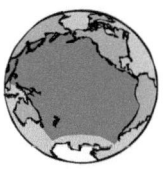
Pasifik
Pasifik

Samudra India
Samudra Hindia

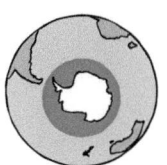
Samudra Antartika
Samudra Antartika

Samudra Arktik
Samudra Arktik

kutub utara
Kutub Utara

kutub selatan	Antarktika	bumi
Kutub Selatan	Antartika	Bumi

tanah	laut	pulau
tanah	laut	pulau

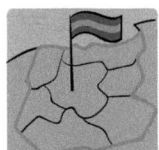 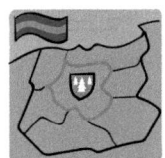

bangsa	negara
bangsa	nagara

jam
jam

jam wajah
jam wajah

jarum pendek
jarum péndék

jarum menit
jarum menit

jarum detik
jarum detik

Jam berapa?
Tabuh sabaraha?

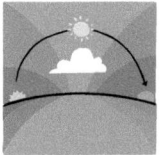

hari
poé

waktu
waktos

sekarang
ayeuna

jam digital
jam digital

menit
menit

jam
jam

minggu
minggu

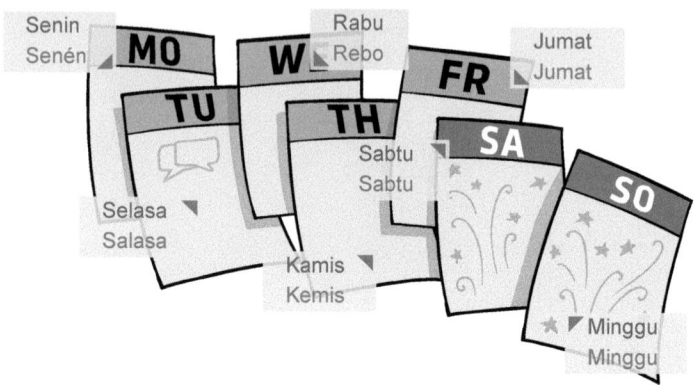

kemaren

kamari

hari ini

dinten ayeuna

besok

énjing

pagi

énjing-énjing / isuk-isuk

siang

siang

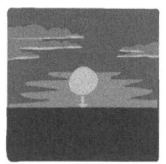

malam

peuting

hari kerja

poé gawé

akhir minggu

akhir minggu

minggu - minggu

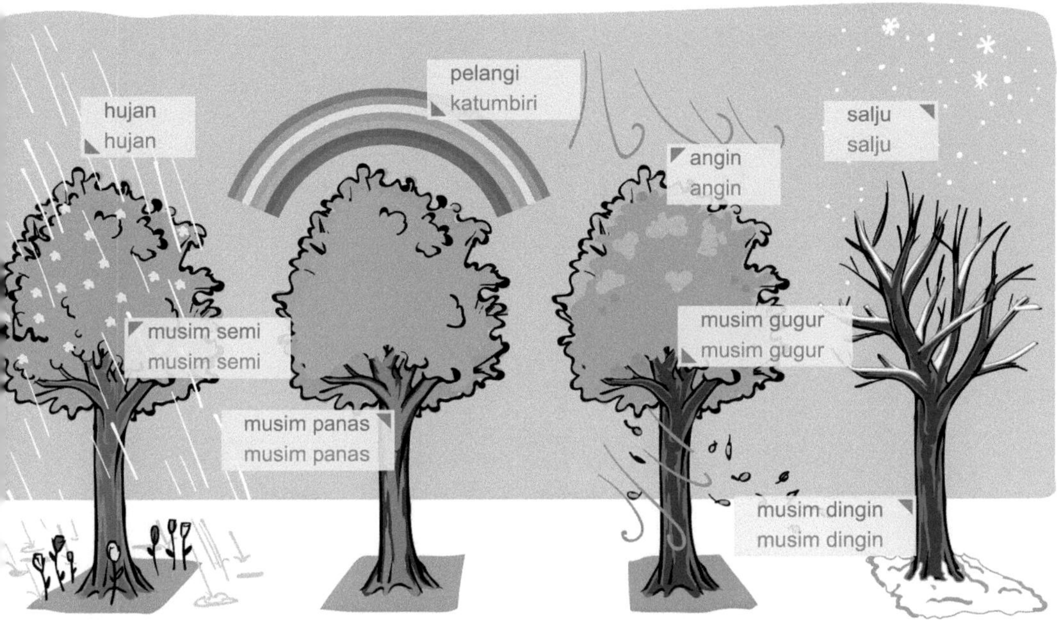

tahun
taun

hujan
hujan

pelangi
katumbiri

angin
angin

salju
salju

musim semi
musim semi

musim panas
musim panas

musim gugur
musim gugur

musim dingin
musim dingin

ramalan cuaca
ramalan cuaca

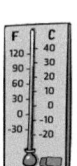

termometer
térmométer

matahari
panon poé

awan
awan

kabut
pepedut

kelembahan
kelembaban

kilat
gelap

guntur
guntur

badai
badai

hujan es
hujan és

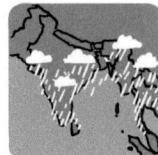
monsun
angin muson

banjir
caah

es
és

Januari
Januari

Februari
Pébruari

Maret
Maret

April
April

Mei
Mei

Juni
Juni

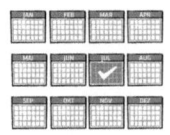
Juli
Juli

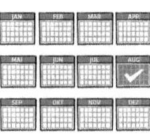
Agustus
Agustus

tahun - taun

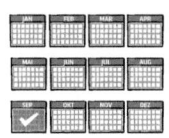

September
Séptémber

Oktober
Oktober

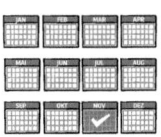

November
Nopémber

Desember
Désémber

bentuk
bentuk

lingkaran
buleudan

persegi
persegi

persegi panjang
persegi panjang

segi tiga
segi tiga

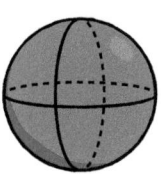

bola
bola

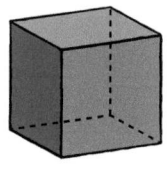

kubus
kubus

warna-warna
warna-warna

putih
bodas

kuning
konéng

oranye
oranyeu

pink
kayas

merah
beureum

ungu
bungur

biru
bulao

hijau
héjo

coklat
coklat

abu-abu
abu-abu

hitam
hideung

berlawanan
sabalikna

banyak / sedikit

loba / saeutik

marah / tenang

ambek / kalem

cantik / jelek

geulis / goreng

mulaih / selesai

ngamimitian / réngsé

besar / kecil

gedé / leutik

terang / gelap

caang / poék

saudara laki-laki / saudara perempuan

dulur lalaki / dulur awéwé

bersih / kotor

bersih / kotor

lengkap / tidak lengkap

lengkep / teu lengkep

hari / malam

poé / peuting

mati / hidup

paéh / hirup

luas / sempit

lega / heureut

dapat dimakan / tidak dapat dimakan

bisa didahar / teu bisa didahar

jahat / baik

jahat / bageur

bersemangat / bosan

sumanget / bosen

gemuk / kurus

badag / begang

pertama / terakhir

kahiji / terakhir

teman / musuh

baturan / musuh

penuh / kosong

pinuh / kosong

keras / lembut

heuras / lemes

berat / enteng

beurat / hampang

lapar / haus

kalaparan / haus

sakit / sehat

gering / séhat

ilegal / legal

ilegal / legal

cerdas / bodoh

calakan / bodo

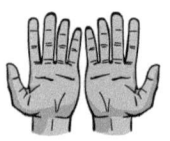

kiri / kanan

kénca / katuhu

dekat / jauh

deukeut / jauh

berlawanan - sabalikna

baru / bekas

anyar / urut

tidak ada apapun / sesuatu

euweuh nanaon / aya nanaon

tua / muda

kolot / ngora

nyala / mati

hurung / pareum

buka / tutup

buka / tutup

tenang / keras

jempé / gandéng

kaya / miskin

beunghar / sangsara

benar / salah

bener / salah

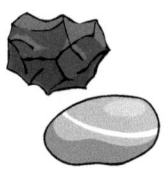

kasar / halus

kasar / lemes

sedih / gembira

sedih / gumbira

pendek / panjang

pendék / panjang

pelan-pelan / cepat

alon / gancang

basah / kering

baseuh / garing

hangat / sejuk

haneut / tiis

perang / damai

perang / damai

berlawanan - sabalikna

angka-angka
angka-angka

0
nol
nol

1
satu
hiji

2
dua
dua

3
tiga
tilu

4
empat
opat

5
lima
lima

6
enam
genep

7
tujuh
tujuh

8
delapan
dalapan

9
sembilan
salapan

10
sepuluh
sapuluh

11
sebelas
sawelas

12
duabelas
duawelas

13
tigabelas
tiluwelah

14
empatbelas
opatwelas

15
limabelas
limawelas

16
enambelas
genepwelas

17
tujuhbelas
tujuhwelas

18
delapanbelas
dalapanwelas

19
sembilanbelas
salapanwelas

20
duapuluh
duapuluh

100
seratus
saratus

1.000
seribu
sarébu

1.000.000
juta
sajuta

bahasa-bahasa
basa-basa

Inggris

Inggris

bahasa Inggris Amerika

basa Inggris Amerika

bahasa Cina Mandarin

basa Cina Mandarin

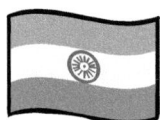

bahasa Hindi

basa Hindi

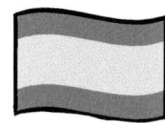

bahasa Spanyol

basa Spanyol

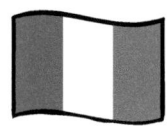

bahasa Perancis

basa Perancis

bahasa Arab

basa Arab

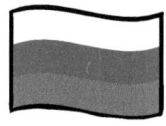

bahasa Rusia

basa Rusia

bahasa Portugis

basa Portugis

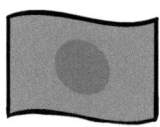

bahasa Bengal

basa Bengal

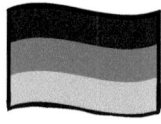

bahasa Jerman

basa Jerman

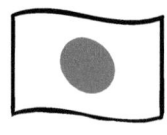

bahasa Jepang

basa Jepang

siapa / apa / begaimana
saha / naon / kumaha

saya
urang

kamu
manéh

dia
anjeunna / manéhna

kita
arurang

kalian
maranéh

mereka
aranjeunna / maranéhna

siapa?
saha?

apa?
naon?

begaimana?
kumaha?

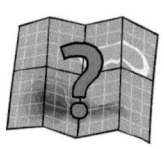
dimana?
di mana?

kapan?
iraha?

nama
wasta / ngaran

dimana
di mana

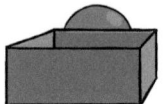

dibelakang
di tukang

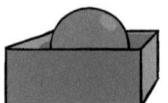

di
di

didepan
di hareup

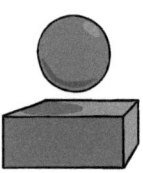

diatas
di luhureun

diatas
di luhur

dibawah
di handapeun

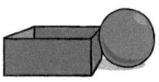

sebelah
di gigir

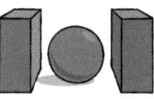

di antara
antawis

tempat
tempat